GUIZOT

PARIS. — TYP. SIMON RAÇON ET Cᵉ, RUE D'ERFURTH, 1.

GUIZOT

E. Gervais

del. et Sc.

Imp. F. Chardon A. 30. r. Hautefeuille, Paris

LES CONTEMPORAINS

GUIZOT

PAR

EUGÈNE DE MIRECOURT

PARIS

J.-P. RORET ET Cie, ÉDITEURS

9, RUE MAZARINE.

1854

GUIZOT

A peine sommes-nous au début de notre
œuvre, qu'elle soulève déjà des tempêtes.
Certes, nous sommes émerveillé d'avoir
dans le souffle une telle puissance.

Ils étaient modestes pourtant nos petits
livres ; ils s'annonçaient au public sans
éclat, avec bonhomie. Leur berceau n'of-

frait aucune pompe ; ils ne s'entouraient pas des langes éclatants de l'annonce, et personne ne les a bercés sur le coton moelleux de la réclame.

D'où vient qu'ils ont grandi si vite ? pourquoi font-ils peur ?

Ah ! l'orgueil humain ! nous ne pensions guère lui causer de pareilles transes !

Calmez-vous, messieurs, calmez-vous ! Ayez moins de promptitude et plus de réserve ; ne mettez point ainsi à nu vos vanités, vos passions et vos misères. On ne dépouille pas de la sorte le manteau du décorum ; on cache ses plaies ; on dissimule ses terreurs, on fait le brave.

Vous nous donnez trop beau jeu, vraiment !

Quoi ! ces biographies microscopiques, ces imperceptibles in-trente-deux ont pour vous des proportions aussi effrayantes ? Vous les examinez, vous les épluchez, vous pesez ce qu'ils contiennent d'éloge ou de blâme, et vous tremblez de n'avoir pas assez de l'un ou trop de l'autre, quand viendra votre tour ?

Fi ! messieurs.

Restez en repos. Croyez que nous sommes trop digne et trop sévère pour ne pas écarter de notre chemin toute influence.

A nos yeux vous êtes morts : c'est votre histoire que nous écrivons.

— Mais on vous renseigne mal, dites-vous ?

Erreur ! nous n'essayons jamais de peindre, si notre pinceau n'est pas délié, si notre palette est mal fournie ; nous savons où trouver nos nuances, et nous puisons nos renseignements à une source authentique.

Mais souffrez, messieurs, que nous n'allions pas les prendre chez vous.

Ce refus n'a rien qui doive vous blesser. Il sauvegarde votre dignité comme la nôtre. La colère de vos partisans, leur critique acerbe, leurs menaces, ne nous feront pas dévier d'une ligne.

Notre plume est ferme, nous l'avons prouvé déjà dans maintes circonstances. Personne ne dira qu'elle fléchit devant la séduction, l'injustice ou la mauvaise foi.

Sans jouer ici le rôle prétentieux de l'homme d'Horace, nous déclarons néanmoins que rien n'a pu nous émouvoir jus-

qu'à ce jour, ni le procès tardif et inex-
plicable de M. de Girardin, ni la fureur de
l'*Assemblée nationale*, dont l'ex-rédac-
teur en chef, M. Letellier, doublure du
pâle et trop incompris M. Mallac, con-
damnait à mort la publication des *Con-
temporains*, parce qu'elle avait négligé
de débuter par un ami des Russes.

Nous n'avons pas été plus ému de la
rancune d'un feuilletoniste du *Moniteur*,
qui a juré de nous oublier dans ses articles, pour nous punir d'avoir irrévéren-
cieusement parlé du roi Louis-Philippe.

Ce sont là de courageuses sympathies
chez un homme attaché au premier journal de l'empire.

Malheureusement nous allons les blesser de nouveau en écrivant la biographie

de l'illustre chef de la doctrine, du ministre puritain qui a couvert d'un manteau de probité la route impure où mar-
chait son siècle.

On soutenait un jour devant nous que
M. Guizot n'était pas Français. Nous eûmes
beau le prouver jusqu'à l'évidence, on répondit :

— C'est impossible !

Le mot nous a paru profond.

Il est certain que tout homme sous
la poitrine duquel bat la fibre nationale
ne regarde pas le ministre de Louis-Philippe comme un digne fils de la France.

On sera de notre avis après avoir lu
son histoire.

Guizot (Pierre-François-Guillaume) na-

quit à Nîmes en 1787. Il entre aujour-
d'hui dans sa soixante-huitième année.

A l'âge de sept ans, il vit les hommes
de la Terreur guillotiner son père, impres-
sion sinistre qui a dû contribuer à lui donner ce caractère sombre, cette haine ins-
tinctive de l'humanité et cette énergie
méprisante dont tous les actes de son administration portent le cachet.

Madame Guizot se réfugia en Suisse avec
toute sa famille, qui était calviniste.

Son fils, on l'a dit souvent, n'a pas eu
d'enfance. Il est déshérité, pour son malheur, des instincts les plus candides de
l'âme. Le fruit qui au jour de la floraison
n'a pas eu de soleil est un fruit maudit; le
ver le ronge intérieurement : il ne ren-
ferme que de la cendre.

Élevé à Genève [1], dans cette patrie de la forme et du dehors, M. Guizot y a puisé tous les éléments de son être.

C'est là qu'il a pris ces manières gourmées, ce ton pédant, ces mœurs roides et cassantes, et cette dignité perpétuelle dans le mensonge politique et dans la déraison administrative, qui ne l'ont jamais abandonné pendant tout le cours de son interminable ministère.

A l'âge de dix-neuf ans, après avoir terminé ses classes, il vint à Paris étudier le droit.

Sa pauvreté le contraignit à chercher une place. M. Stopfer, ancien ministre de

[1] Il entra gratuitement au gymnase de cette ville.

la confédération helvétique, l'accepta pour précepteur de ses enfants.

Mais l'orgueil du futur homme d'État ne s'arrangeait point de cette position dépendante.

Il se trouvait humilié surtout de conduire ses élèves à la promenade.

Les marmots s'accrochaient aux pans de sa redingote, le contraignaient à s'arrêter à la porte de tous les confiseurs et lui faisaient faire des stations indéfinies devant les marchandes de brioches du Luxembourg. Gâtés par leur mère, ils allaient auprès d'elle se plaindre et gémir, quand le précepteur essayait de mettre un frein à leur gourmandise.

M. Guizot quitta son emploi, disant qu'il se croyait appelé à d'autres fonctions que celle de donner la pâture aux fils de Gargantua.

Comme ses élèves avaient l'intelligence aussi rétive que l'estomac complaisant, Guizot s'était appliqué à leur trouver une méthode à la fois claire et prompte, afin qu'ils retinssent plus aisément les synonymes de la langue.

Pour lui ce travail devint une ressource.

Donnant à sa méthode plus de portée et plus d'étendue, il la vendit, sous le titre de *Dictionnaire des synonymes*, à un libraire qui paya l'œuvre d'un prix fort raisonnable.

Bientôt il fut admis chez le secrétaire perpétuel de l'Institut, ce fameux Antoine Suard, nommé chef de la censure en

1774, tout exprès pour mutiler les livres de Beaumarchais.

Suard était vieux alors, et quelquefois un vieux censeur peut se repentir.

Il accueillait les jeunes écrivains dans son salon de la place de la Concorde et tâchait d'effacer autant que possible la mémoire des coups de ciseaux du passé.

Trouvant dans Guizot un grand fonds d'érudition, beaucoup de science philosophique et une étude approfondie de la littérature allemande, il lui conseilla d'abandonner les synonymes et la grammaire, pour vouer sa plume à des travaux, sinon plus sérieux et plus honorables, du moins plus lucratifs.

Chaudement recommandé par son protecteur, le jeune homme écrivit, à partir

de ce jour, dans toutes les feuilles pério-
diques de l'époque.

Les *Archives littéraires*, le *Publiciste*,
le *Journal de l'Empire*, la *Gazette de
France* et le *Mercure* donnèrent tour à
tour un spécimen de ce style incolore qui,
depuis, a caractérisé sans relâche les œuvres de M. Guizot.

« Le style, c'est l'homme. »

Il y a telle manière d'écrire, obscure,
lourde, empesée, doctorale et soporifique,
avec laquelle on a toujours les savants
pour soi.

Quand on obtient cet appui, Dieu seul
peut dire jusqu'où l'on peut aller dans
notre beau pays de France.

Par cela même que nous sommes la nation la plus superficielle de la terre, nous

abdiquons volontiérs notre droit d'examen pour juger sur la foi des autres. Qu'un livre ayant l'approbation de l'Institut nous semble ennuyeux dès la première ligne, nous le fermons en toute hâte et nous le déclarons plein de science et de profondeur.

Hippolyte Castillè, au commencement d'un article publié dans la *Revue de Paris*, se montre de la même opinion que nous.

« Parlez, dit-il, au premier venu du talent littéraire de M. Guizot, il est probable qu'il vous en fera le plus pompeux éloge. Questionnez votre homme, et, neuf fois sur dix, vous vous apercevrez qu'il n'a pas lu les ouvrages dont il vient de vous vanter les beautés. Je comprends qu'on

2

lise peu les ouvrages de M. Guizot, mais je
déplore avant tout ces tendances gascon-
nes qui poussent un si grand nombre de
gens à louer précisément les choses qu'ils
ne prennent pas la peine de lire. Nous de-
vons à ce malheureux esprit, fils de la paresse et de la vanité, une foule de grosses
réputations qui se dégonflent aussitôt qu'on
les pique [1]. »

Ce n'est pas nous, comme on le voit,
qui donnons le premier coup d'épingle
dans le ballon.

Nier absolument le mérite littéraire de
M. Guizot serait toutefois une injustice
dont nous ne voulons pas nous rendre cou-

[1]. Les *Hommes et les Mœurs*, page 44. Sous ce titre
général, tous les articles de M. Hippolyte Castille sont
réunis en un seul volume.

pable. Les œuvres de l'ex-ministre ressemblent à sa personne : elles pèchent par un excès de tenue, par une sorte de gravité magistrale et orgueilleuse, qui révolte quelquefois et fatigue toujours.

Avant d'instruire les autres, il faut leur plaire, sans quoi l'on ne parvient à donner aucune leçon profitable. M. Guizot n'a jamais adopté cette maxime.

Qu'importe? il a réussi comme écrivain, nous objectera-t-on. Sans doute, et nous venons tout à l'heure d'en expliquer la cause : il a réussi, parce que les badauds l'ont admiré de confiance; il a réussi, parce que très-peu de gens ont lu ses livres.

Les premiers ouvrages écrits par M. Guizot, sous la tutelle d'Antoine Suard, ont

pour titres : *Annales de l'Éducation ; —
Vie des poëtes français du siècle de
Louis XIV ; — De l'Espagne en* 1808 ; —
Décadence de l'Empire romain (traduc-
tion de Gibbon). Tous ces volumes, revê-
tus de mentions académiques très-flatteu-
ses, posèrent admirablement le jeune
homme dans le monde de la science.

Mais, à partir de cette époque, les lettres semblaient déjà vouloir le répudier.

Pour se les rendre propices, il écrivit
deux brochures, l'une sur l'*État des
Beaux-Arts en France*, et l'autre sur le
Salon de 1810.

« C'est une chose digne de remarque,
dit un peu rudement l'auteur des *Hommes
et des Mœurs*, que la plupart des personnages politiques de nos jours ont débuté

par les lettres. Pour eux, la littérature a
été un marchepied ; elle est devenue, à
leurs yeux, non le but, non l'idéal, mais
un moyen. Le théâtre sert à certaines créa-
tures de lieu d'exhibition : la littérature a
servi de planche à ces gens-là pour leur
métier. Aussi faut-il voir avec quel superbe dédain ces parvenus, une fois arrivés
au pouvoir, traitent les littérateurs et les
lettres ! Ces renégats du premier culte, ces
faux apôtres, ne ressemblent-ils pas à de
mauvais garçons qui mordent leur nour-
rice après avoir bu son lait ? Aussi est-ce
justice de donner bonne chasse à ces mar-
cassins, lorsqu'on les rencontre au fourré
de la critique [1]. »

[1] Page 44.

Le premier chasseur qui s'embusqua pour tirer sur M. Guizot fut Gustave Planche. Il tua roide et du premier coup ce pesant rhéteur qui s'aventurait, on ne sait trop pourquoi, dans les sentiers fleuris de l'art.

Comme critique, M. Guizot n'a vécu qu'un jour.

Dès lors il comprit que, dans l'enseignement seul et sous la robe professorale, on peut parler impunément de ce qu'on ne connaît pas. Il sollicita une chaire.

M. de Fontanes, grand maître de l'Université, le nomma suppléant du cours d'histoire moderne [1].

---

[1] Peu de temps après, dit Loménie, M. Guizot arriva à la possession complète de cette chaire d'histoire.

Ici commence la fortune politique de M. Guizot.

L'air solennel du jeune professeur, la profonde estime qu'il avait de lui-même, son pâle visage et sa toilette sévère, tout prévenait en sa faveur ce qu'on est convenu d'appeler les gens sérieux. L'Académie le prônait, Suard continuait de le couvrir de son égide. On vanta ses cours dans toutes les feuilles publiques, et la foule prit le chemin de la Sorbonne pour aller l'entendre.

Il y a dans la nature humaine d'étranges anomalies.

Plus un peuple est fou et léger, plus il se laisse influencer et séduire par un extérieur grave, par une morgue soutenue.

— Tout le succès de Guizot est dans son

masque, disait devant nous, en 1840, une femme qui l'avait étudié de fort près et qui le connaît mieux que personne.

A cette époque (1812), l'Empire était à l'apogée de sa gloire. On prévoyait toutefois que le colosse, entraîné fatalement chaque jour à de nouvelles guerres, allait tomber par le fait même de l'épuisement du pays. M. Guizot fut un des premiers à deviner cette chute et à saluer l'aurore de la Restauration, qui commençait à poindre.

Mademoiselle Pauline de Meulan, basbleu distingué, fréquentait le cercle Suard.

Guizot, la voyant causer quelquefois avec l'abbé de Montesquiou, connu pour être l'un des principaux agents secrets de Louis XVIII [1], prit à l'instant même des

1 Montesquiou avait suivi le comte de Provence à

informations et sut que les parents de Pauline entretenaient, de longue date, avec le précieux abbé des relations directes et amicales.

Mademoiselle de Meulan n'avait pas un centime de dot; elle vivait de sa plume.

Ceci n'arrêta point notre professeur, qui fit, dès lors, au bas-bleu une cour assidue, sans craindre les épines dont ce genre de femmes est presque toujours hérissé. Il eut la galanterie, pendant une maladie de Pauline, de lui envoyer des articles, qu'elle signait, et qui l'empêchèrent de perdre les appointements qu'elle touchait au *Publiciste*.

Revenue à la santé, mademoiselle de

Londres après le 10 août, et s'était lié fort étroitement avec lui.

Meulan lui donna, par reconnaissance, son cœur et sa main. Elle comptait cinq grands lustres de plus que son époux.

Guizot avait jeté ses plans.

Une fois dans la famille, on l'initia, comme il s'y attendait à merveille, à certains secrets politiques et aux trames légitimistes dont l'abbé de Montesquiou tenait le fil. Plein d'égards et de vénération pour l'agent secret des rois déshérités, il gagna pleinement sa confiance, et devint son secrétaire intime.

Royer-Collard, à la fin de 1812, avait tous les soirs, au club de Clichy [1], de longues conférences avec Montesquiou.

Guizot, présent à ces entretiens, ne

---

[1] Lieu de réunion des légitimistes.

manquait jamais d'y glisser son mot, et
Royer-Collard lui dit un jour, en lui frap-
pant sur l'épaule :

— Bravo ! mon jeune ami ! Vous irez
loin !

— Pourquoi ? demanda le professeur,
qui s'attendait à un compliment.

— Parce que vous avez des défauts qui
poussent mieux un homme que ses qualités.

Guizot serra les lèvres, devint plus pâle
que d'habitude, et demanda quels étaient
ces défauts.

— Une logique brutale et sans ména-
gement, répondit Royer-Collard ; une ambition dévorante, éperonnée par une énergie féroce, et avec cela du calme dans le

regard, un air froid, des allures puritai-
nes... Je le répète, vous irez loin !

— Dois-je prendre ce que vous me di-
tes pour une offense?. balbutia Guizot.

— Non, certes! ne vous y trompez pas:
c'est un bel et bon éloge. Il serait à dési-
rer que tous les hommes politiques fussent
coulés dans votre moule. De la tête, beaucoup de tête, et point de cœur.

— Monsieur !

— Tenez, voilà Montesquiou qui sera
ministre quand Louis XVIII remontera sur
le trône; eh bien, j'engage notre excellent
abbé à vous choisir pour secrétaire général. Votre religion n'est pas un obstacle ; il
est avec les catholiques des accommode-
ments, et vous attraperez un jour un por-

tefeuillé. Moi-mème; entendez-vous ? moi-
mème je vous protégerai.

Cette étrange conversation en resta là.

Dix-huit mois après, Montesquiou, appelé
au ministère de l'intérieur, à la rentrée des
Bourbons, suivait le conseil qui lui avait
été donné au club de Clichy, et nommait
Guizot son secrétaire général.

Royer-Collard tint parole à son tour.

Élevé au poste de directeur de l'impri-
merie et de la librairie, il fit choix de l'ancien professeur d'histoire pour rédiger les
articles de cette fameuse loi sur la presse,
qui, seize ans plus tard, devait servir de
modèle aux ordonnances de Charles X [1].

---

[1] M. Guizot, après maintes métamorphoses successives, se trouvait, en 1830, dans les rangs de l'opposition. Ce plagiat, qu'il n'avait pu prévoir, força tout le

Le brusque retour de l'île d'Elbe et la résurrection de l'Empire vinrent surprendre notre héros dans les honorables fonctions de *censeur royal.*

Terrassé par ce coup de foudre, il se trouva (tout à fait à son insu, nous voulons bien le croire) aux genoux du nouveau ministre [1], qui le conserva provisoirement comme chef de division.

Cette tolérance dura six semaines ; puis, un beau jour, sans raison apparente, on renvoya M. Guizot juste au moment où, se croyant sûr de garder sa place, il venait

_____

monde à reporter les yeux vers le passé. Le ministre de Louis-Philippe, moins heureux que beaucoup d'autres, ne put dissimuler ses trahisons ni jeter l'oubli sur ses parjures.

[1] Carnot.

de signer des deux mains l'acte additionnel aux constitutions de l'Empire.

Indigné de ce trait perfide, le mari de
Pauline déclara partout qu'un refus positif
de signature avait seul motivé sa disgrâce.

En réponse à cette insinuation aussi
habile que mensongère, le *Moniteur* publia brutalement, le 14 mai 1815, la note
suivante :

« Monsieur le ministre de l'intérieur
vient de faire quelques changements dans
les cadres de son administration ; mais il
est si faux que le refus de voter pour l'acte
additionnel ait influé en rien sur cette mesure, que plusieurs employés qui ont signé *oui*, notamment M. Guizot, ont reçu
leur démission, tandis que d'autres em-

ployés, à qui leur conscience n'a point dicté un vote aussi empressé que celui de M. Guizot, n'en ont pas moins été conservés. »

Rarement coup de massue tomba plus d'aplomb sur la tête d'un homme.

Mais l'ancien secrétaire de l'abbé de Montesquiou prouva qu'il avait le crâne solide.

Au moment où on devait le croire assommé, il se glissa dans les bureaux du ministère, trouva moyen d'ouvrir le registre compromettant, et renversa, par simple distraction, tout le contenu d'un écritoire sur sa signature. Elle disparut sous un pâté monstre.

Voilà comme un diplomate adroit change une vérité en calomnie.

Ce tour merveilleux exécuté, M. Guizot commanda des chevaux de poste et courut à Gand se plaindre à Louis XVIII des mensonges dont il avait été victime.

Ennemi de la paresse, et ne sachant à quelle occupation consacrer ses loisirs, en attendant les alliés, il rédigea le *Moniteur de Gand*, pour faire pièce au *Moniteur de Paris*, dont la conduite à son égard avait été si peu délicate. Le journal de M. Guizot contenait des diatribes odieuses contre l'Empereur; chacune de ses colonnes était consacrée à l'éloge des armées cosaques.

Une première fois, en 1834, et une seconde fois le 15 novembre 1840, la Chambre des députés refusa d'accueillir les tardives justifications de M. Guizot. Vingt an-

nées de silence aggravaient ses torts. Le
surnom que nous lui avons entendu donner par trois générations successives,
l'*Homme de Gand*, lui reste malgré ses
désaveux, et se perpétuera sur les pages
les plus reculées de l'histoire.

Napoléon venait de succomber à Water-
loo, l'Empire entendait sonner sa dernière
heure.

Un Cosaque ramena M. Guizot en croupe.

On lui rendit sa place; mais il trouva
bientôt qu'elle n'était pas en raison de ses
mérites, et donna sa démission le jour où
l'on put croire qu'il avait, pour se retirer
sous sa tente, les mêmes raisons que Barbé-
Marbois [1]. Par malheur, il fut nommé

---

[1] Ce ministre s'en alla parce qu'il désapprouvait les
réactions sanglantes du Midi.

presque aussitôt maître des requêtes et
conseiller d'État, ce qui permit aux malin-
tentionnés de le croire peu sensible au
massacre de ses coreligionnaires de Nîmes.

Si M. Guizot porta le deuil, ce fut au
plus profond de son cœur. Personne ne
s'en aperçut.

Ses nouveaux emplois lui permettaient
de se livrer tout à l'aise à ses goûts d'écrivain. Trois ou quatre publications sorties
de sa plume parurent de 1815 à 1819.
En voici les titres : *Quelques idées sur la
liberté de la presse ; — Du gouvernement représentatif et de l'état actuel de
la France ; — Essai sur l'instruction
publique ; — De la souveraineté et des
formes du gouvernement.*

Protégé par M. Decazes, il se plaignit de n'être pas assez en relief.

— Quand donc, disait-il au ministre, me ferez-vous sortir de la tombe des sinécures ?

— Mais, répondait M. Decazes, il n'y a pas d'emploi vacant.

— Créez-en un ! fit Guizot, tranchant dans le vif et mettant son protecteur au pied du mur.

Impossible de reculer.

Seulement, il fallait un prétexte à nomination, une sorte de service rendu qui justifiât aux yeux du roi la création d'une place.

Louis XVIII avait pris en grippe la *Chambre introuvable*. M. Guizot flatta la rancune royale dans un long mémoire où,

après avoir catégoriquement établi la né-
cessité de dissoudre le corps législatif, il
indiquait des procédés pleins de finesse
pour influencer les élections dans les pro-
vinces et ramener au Palais-Bourbon une
majorité triomphante.

L'exécution de ce plan superbe ne pouvait être confiée qu'à son inventeur : on
créa donc au plus vite pour M. Guizot la
place de directeur général de l'administration communale et départementale.

Aussitôt il entama ses manœuvres.

Son premier soin fut de chercher quelques sympathies dans la Chambre. Il s'a-
dressa d'abord à son ancien admirateur du
club de Clichy, M. Royer-Collard ; puis
au duc de Broglie, avec lequel il était en
grande relation ; puis à M. Molé, puis à

deux ou trois autres, et l'école doctrinaire
se fonda.

L'avocat général Dupin voulut en être.

Il fit, pour cela, des démarches fort ac-
tives ; mais il fut repoussé par M. de Broglie, qui donna tout simplement ce disti-
que pour raison :

> Je vous le dis, messieurs, l'aîné des Dupin est
> Tantôt Dupin rassis, tantôt Dupin mollet.

Nous étions embarrassé d'abord pour expliquer à nos lecteurs l'origine du mot *doctrinaire*. En vain nous avions remué la
poudre des bibliothèques, en vain nous
avions compulsé les livres, aucun docu-
ment n'était venu nous instruire, aucune
étymologie vraisemblable ne nous était ap-
parue. Nous interrogions les diplomates :
ils nous regardaient d'un air pénétré, sem-

blaient descendre jusqu'aux plus secrètes
profondeurs du souvenir et répondaient :

« Nous ne savons pas! »

Il fallait pourtant qu'une qualification
aussi étrange eût sa raison d'être. En dés-
espoir de cause, nous allâmes rôder dans
les couloirs de la Chambre, demandant à
tous les échos :

« D'où vient le mot *doctrinaire* ? Peut-
on nous dire ce que c'est qu'un doctrinaire ?

— Parbleu ! nous répondit un vieil huis-
sier, c'est le sobriquet que je donnais au-
trefois à M. Royer-Collard.

— Fort bien, mon brave. Mais pourquoi nommiez-vous ainsi l'honorable député ?

— Parce que dans ses discours il rabâ-

chait sans cesse le mot *doctrine* : « N'a-
« joutez pas foi à leurs *doctrines !* Quelles
« infâmes *doctrines ! —* Ces *doctrines*
« sont d'une fausseté remarquable, etc. »
Quand il avait bien parlé des *doctrines* des
autres, il prêchait ses propres *doctrines,*
et je dis un jour à un de mes camarades :
« Est-ce qu'il n'a pas fini de *doctriner ?*
« Quel fichu *doctrinaire !* »

Nous glissâmes un écu dans la main du
bonhomme qui nous tirait d'embarras. Il
paraît que la Chambre, quand elle est à
court d'esprit, en emprunte à ses huis-
siers.

Du reste, le mot *Fronde* fut créé jadis
au Parlement d'une manière à peu près
analogue, et la *Montagne,* ce mot terri-
ble, provenait d'une simple élévation de

gradins « sur lesquels, disait irrévéren-
cieusement l'abbé Maury, allaient s'asseoir les plus hauts *gredins* de l'Assemblée. »

Revenons aux doctrinaires.

Ils eurent tout d'abord M. Guizot pour
chef. On les appelait aussi *Lycurgues du
canapé*, parce que M. Beugnot, nouvelle-
ment affilié à la secte, et faisant allusion
au petit nombre de ses collègues, disait un
jour :

— Nous pourrions tous nous asseoir sur
le même canapé.

Ce parti, si faible à son berceau, devait
acquérir plus tard une force énorme. Il tenait le milieu entre l'ancien régime et le
libéralisme pur, occupés à se battre depuis
1815 pour s'arracher le pouvoir, et ne re-

marquant pas ce troisième larron qui allait enfourcher l'âne.

Graves, solennels, gourmés comme leur chef, et jetant avec orgueil du haut de la tribune leurs phrases pédantesques, les doctrinaires grandissaient chaque jour. Déjà M. Guizot, transportant dans la politique toute sa morgue de professeur, allait bel et bien morigéner la France, quand un nouveau coup de foudre l'abattit encore et le jeta sous les ruines du ministère Decazes.

Le poignard de Louvel venait de frapper, aux portes de l'Opéra, l'unique héritier du trône.

Une réaction immédiate eut lieu dans le sens de l'ultra-royalisme.

M. Guizot, destitué de tous ses emplois,

se vengea du pouvoir en le griffant de sa
plume. La Doctrine se faisait Fronde et
poussait la colère jusqu'à prêcher l'é-
meute.

Il y a des moments où le biographe,
qui fouille la vie des hommes du jour, se
sent pris d'un profond dégoût à l'aspect
honteux de ces revirements, où l'égoïsme
joue seul un rôle, où l'ambition déçue jette
ses voiles et se montre dans toute sa nu-
dité.

Trois ouvrages frondeurs et révolution-
naires, signés par le grand maître de la
Doctrine, parurent coup sur coup[1].

---

[1] *Examen du gouvernement de la France depuis la
Restauration; — Des Conspirations et de la Justice
politique; — Des Moyens de gouvernement et d'opposition dans l'état actuel de la France.*

Louis XVIII n'aimait pas les leçons quand elles étaient données avec une sorte de colère orgueilleuse et de mauvaise foi réfléchie. Tout avait été enlevé à M. Guizot, hormis sa chaire d'histoire. On la supprima.

Ce fut une maladresse.

L'homme était de ceux qu'il fallait écraser net ou ne persécuter que médiocrement, parce qu'ils ont l'art de se poser en martyrs et d'éveiller à leur profit la compassion publique.

M. Guizot joua merveilleusement son rôle de victime.

Sa femme, en 1827, tomba dangereusement malade. Il empêcha les prêtres catholiques d'approcher du lit de mort, et

convertit Pauline au protestantisme, afin
de mieux assurer son salut.[1]

Condamné doublement à la retraite par
le deuil et par la disgrâce, il écrivit une
Histoire du gouvernement représentatif
et un *Traité de la peine de mort en ma-
tière politique*, où il continuait à donner
au gouvernement de nombreux coups de
griffe. Quand il craignait que le public ne
le perdît de vue, il se hâtait d'imprimer un
livre, qu'on lisait peu, mais que les jour-
naux de l'opposition annonçaient à grand
renfort de réclames.

Il poussa l'oubli du voyage de Gand et

---

[1] M. Guizot se remaria, peu de temps après, avec
une charmante Anglaise, dont il était éperdument amou-
reux. Plus âgée que lui, sa première femme eut toujours à souffrir de cette différence d'âge. Elle savait,
en mourant, qui allait lui succéder.

de son vieux royalisme jusqu'à s'affilier à
des sociétés secrètes [1].

Si quelqu'un venait nous dire aujour-
d'hui que, dans ces conciliabules de mé-
contents, M. Guizot criait : « Vive la République! » cela ne nous causerait aucune
surprise. Il a été l'homme de toutes les va-
riations et de tous les sauts de carpe.

C'est un Girardin sérieux.

Il gagna de la sorte 1830, dirigeant
l'*Encyclopédie progressive* et la *Revue
française*, deux recueils dont il se faisait
des armes et qu'il envoyait gratis aux électeurs de Lisieux.

Martignac, le ministre conciliateur, lui
permit de rouvrir son cours.

[1] M. Guizot était l'un des membres les plus actifs de
la Société *Aide-toi, le ciel t'aidera.*

Guizot en profita pour enthousiasmer les écoles et conquérir une sorte de popularité bourgeoise, dont il reste encore aujourd'hui quelques vestiges [1].

Au mois de mars 1829, on lui rendit sa charge de conseiller d'État, ce qui ne l'empêcha point de siéger à la Chambre sur les bancs de l'extrême gauche. Il voyait l'orage au-dessus du trône et se promettait bien, cette fois, d'esquiver la foudre.

Le comité secret du Palais-Royal écoutait M. Guizot comme un oracle.

On n'agissait que par ses conseils; on établissait, au profit de la branche cadette;

---

[1] De 1825 à 1827, il publia un *Essai sur Calvin* et des collections de mémoires sur l'histoire d'Angleterre et sur l'histoire de France.

ces menées souterraines qui devaient renverser le trône.

Quand, le 28 juillet, l'homme de Gand franchit les barricades pour aller à la Chambre déclamer ce discours où il parlait de *son dévouement à l'auguste dynastie de Charles X*, il avait déjà son portefeuille en poche. L'orateur cachait le ministre de Louis-Philippe.

Voilà donc M. Guizot au pouvoir !

Complice d'une chambre qui n'avait aucun mandat, on l'a vu ramasser le sceptre dans la boue sanglante de Juillet, pour le donner à ceux qui, de père en fils, le convoitaient depuis deux siècles.

On souffletterait de grand cœur cette inique et capricieuse femelle qu'on nomme la fortune, lorsqu'on la voit se jouer ainsi des peuples et des rois.

Guizot, l'homme de Gand, ministre d'une royauté populaire!

Guizot triomphant à la suite d'une bataille provoquée par les ordonnances, par les ordonnances dont le texte avait, en quelque sorte, été fourni par lui!

Guizot, fils de la rancune et de l'égoïsme, proclamé fils de la liberté!

Heureusement on se détrompa bientôt, quand on vit cet enfant de hasard mordre sa mère.

Le nouveau ministre posa tout d'abord les bases de ce long système de corruption, qui a descendu la pente de dix-huit années, se grossissant toujours comme l'avalanche, pour mieux écraser celui qui s'en était fait l'apôtre.

Il y eut une curée de places et d'honneurs comme on n'en vit jamais de semblable, même sous la seconde République. À ce festin de Balthazar du budget furent conviés d'abord les auditeurs les plus complaisants de notre cours d'histoire, puis les amis de nos amis les députés, puis tous les faquins sans vergogne qui reniaient comme nous l'ancienne famille, tous les professeurs de province qui avaient lu nos œuvres, tous les avocats qui les avaient achetées; puis enfin, *proh pudor !* notre propre valet de chambre.

Ce domestique de M. Guizot fut nommé sous-préfet [1].

---

[1] Biographie de Germain Sarrut et de B. Saint-Edme, t. I, IIe partie, p. 296.

La France entière se récria, et Louis-Philippe changea sur-le-champ de ministres.

Mais l'ambitieux résolu que nous suivons dans sa carrière n'a pas approché la coupe de ses lèvres pour la laisser vider par d'autres et ne point la ressaisir.

La reine Marie-Amélie, qui ne manque ni de finesse d'aperçu ni de jugement, disait de M. Guizot :

— C'est un crabe à pattes inflexibles, qui se cramponne au rocher du pouvoir. On ne l'en arrachera qu'avec le rocher même.

Marie-Amélie a été prophète.

Il est aujourd'hui prouvé que M. Guizot, dans les courts intervalles où d'autres le supplantaient au ministère, demeurait con-

stamment et secrètement dans l'intimité
du roi. Ces deux natures avaient des points
de contact sans nombre. Elles nageaient
dans le même élément, l'égoïsme; elles
se rencontraient dans le mépris des hommes. Faux moralistes, cœurs secs et froids,
Louis-Philippe et son Olivier Ledain
croyaient peu à l'honneur et à la vertu,
mais en revanche ils croyaient fortement
aux instincts matériels, qu'ils développaient
outre mesure.

Cormenin a dit avec raison de Louis-
Philippe « qu'il faisait pourrir son siècle. »
Le mot est juste.

M. Guizot a aidé son maître dans cette
noble tâche. Il prônait avec lui la maxime
honteuse du *chacun chez soi, chacun pour
soi*.

Une anecdote trop connue pour qu'on nous accuse de l'inventer trouve ici sa place.

C'était peu de jours avant la condamnation de M. Teste. Guizot venait d'entrer dans le cabinet du roi aux Tuileries.

— Eh bien?. demanda Louis-Philippe d'un air assez inquiet.

— Sire, dit le ministre, voici les rapports. Il est impossible d'étouffer cette affaire.

— Hum! réfléchissons pourtant, dit le roi : c'est un ami de la maison.

— Raison de plus, sire. Voulez-vous qu'on nous accuse d'être ses complices?

— Non, certes... Eh! tant pis, après tout! s'écria Louis-Philippe : on plume la poule, mais on ne la fait pas crier.

Le mot n'a pas besoin de commentaires : il est aujourd'hui du domaine de l'histoire.

On soutenait la corruption, mais jusqu'au scandale exclusivement. Tout se réduisait à un système d'habileté. La conduite du gouvernement, à cette époque, se résume tout entière dans cette harangue d'un chef de voleurs à sa troupe :

— Gare à la maréchaussée! Les maladroits et les traînards sont pendus!

Teste se noya dans l'opprobre, sans que personne essayât de lui jeter une planche de salut. Hourdequin et autres eurent le même sort. Nous sommes loin de vouloir exciter l'intérêt en faveur des coupables; mais tous ces gens-là ne faisaient que suivre les préceptes qui leur étaient donnés.

— Enrichissez-vous ! criait M. Guizot aux électeurs de Lisieux.

Cela voulait dire : La fortune seule a droit aux respects du monde ; qu'importe le reste ? Un sac d'or est tout, l'honneur ne se compte pas. Combien les votes ? je suis prêt à payer. Quel prix mettez-vous à vos consciences ? je les achète. Enrichissez-vous ! enrichissez-vous !

Il oubliait d'ajouter :

— Mais soyez habiles, ou je vous abandonne.

Après une foule de manœuvres occultes, autorisées en haut lieu, pour gagner dans la Chambre quelque sympathie, M. Guizot reçut de nouveau le portefeuille des mains du roi.

La mort de Casimir Périer lui avait fait

la place libre beaucoup plus tôt qu'il ne
pensait.

M. de Broglie vint s'asseoir à ses côtés
au conseil, ainsi que MM. Thiers et Hu-
mann.

On a dit de Guizot qu'il était un télégra-
phe dont M. de Broglie tenait les fils.

Ce mot peut être spirituel, mais il manque de vérité. Si jamais homme fut lui-
même, c'est évidemment le chef de la
Doctrine. Il a trop d'insolence dans son orgueil, et trop de cachet dans sa personna-
lité, pour qu'on l'accuse d'être une doublure.

Quant à M. Thiers, qui voulait à tout
prix être ministre, il flattait l'école, mais
pour essayer de l'étouffer plus tard [1].

[1] Nous renvoyons nos lecteurs, pour beaucoup de dé-

Le président du conseil vit bientôt qu'il s'était donné un rival dangereux.

— C'est toi, disait-il à Broglie, qui as glissé dans mon sein cette petite couleuvre !

On peut dire de M. Thiers qu'il a été pendant quinze années consécutives le moucheron persécuteur de Guizot. Toujours bourdonnant à ses oreilles, toujours à sa piste et le harcelant de ses piqûres, il ne lui laissait de repos et ne lui accordait de trêve que le jour où celui-ci, de guerre lasse, lui cédait la place.

On les vit jouer indéfiniment au jeu de bascule.

tails, à la biographie de M. Thiers. L'histoire de ces deux hommes est connexe : ils se compléteront l'un par l'autre.

Thiers descendait, Guizot remontait. Quand le petit ministre était en haut, l'homme pâle était en bas[1].

Mais Guizot ne laissait pas longtemps la victoire à son ennemi. Fort de l'attachement du roi, qui lui permettait de braver l'impopularité, presque aussitôt on le voyait ressaisir l'avantage, et Thiers reprenait son rôle de moucheron.

L'homme de Gand finit par s'accoutumer aux piqûres.

Déjà parfaitement insensible aux affronts, il brava les agaceries et continua sa route fatale.

Il faisait beau le voir à la tribune, avec son grand air, ses lèvres pédantes, et son

[1] M. Guizot mettait continuellement des espions aux trousses de M. Thiers, et celui-ci le lui rendait bien.

front sur lequel on n'a jamais pu, même
avec une insulte, amener la rougeur [1].
Drapé dans sa dignité de commande, toujours calme au milieu des plus rudes ora-
ges parlementaires, il traitait ses ennemis
d'anarchistes, et les écrasait de son orgueil. Couvrant de sa responsabilité les en-
têtements du roi, il ne s'appliquait qu'à lui
donner raison contre tous. Les éloges du
château le consolaient des tribulations de
la Chambre. Ne marchant pas avec le pays,
il était obligé, pour se soutenir, d'avoir re-
cours au machiavélisme et de s'embour-
ber de plus en plus chaque jour dans
l'ornière fangeuse de la corruption. Il ache-
tait les votes, escomptait les dévouements,

1 On se rappelle ce mot fameux : « Vos mépris n'ar-
riveront jamais à la hauteur de mon dédain. »

salariait toutes les hontes, et se croyait honnête parce qu'il ne s'enrichissait pas lui-même.

Le veau d'or est tellement adoré dans ce malheureux pays où nous vivons, qu'on regarde immédiatement comme un être presque surnaturel celui qui refuse d'encenser l'idole.

M. Guizot aimait le pouvoir; c'était sa passion, il put constamment la satisfaire : que lui importait la fortune?

On méprise toujours le hochet avec lequel on mène les hommes.

Du reste, par cela seul qu'on n'est pas un voleur, a-t-on droit à un brevet de désintéressement absolu? M. Guizot ne volait pas, mais il économisait. A Londres, il s'inquiétait peu de soutenir aux yeux de nos voi-

sins sa dignité d'ambassadeur; il n'avait
point d'équipages et courait les rues en
parapluie comme un simple croquant. La
Révolution de février trouva cet honnête
ministre en possession de trente belles
mille livres de rente, qu'elle lui laissa.

Nous ne savons plus qui a dit de M. Guizot : « C'est l'hypocrite de la corruption. »

Jamais, en aussi peu de mots, on n'a
mieux peint l'homme.

Sachant, après avoir mis la main sur le
cœur de la France, que les fibres nobles
et généreuses ne battaient pas pour eux,
Louis-Philippe et Guizot s'appuyèrent sur
la bourgeoisie, cette classe gourmande,
émancipée en 93, et qui, jusqu'à ce jour,
ne s'est occupée que de son ventre, laissant

de côté les grands intérêts intellectuels
pour satisfaire ses appétits grossiers.

Ils essayèrent bien aussi de protéger les
arts, témoin le Musée de Versailles ; mais
ils ne réussirent qu'à indisposer les artistes
en transportant les mœurs de la boutique
dans l'atelier et en marchandant le génie.

Quant aux lettres, ils en avaient peur :
ils sentaient que le baril de poudre était
là. Tous leurs efforts tendaient à le noyer.

Nous allons étudier maintenant M. Guizot sous un autre point de vue que le point
de vue politique.

— Est-il vrai, demandait un député du
centre à Royer-Collard, que vous ayez dit
de Guizot : « C'est un austère intrigant? »

— Je n'ai pas dit austère, répondit
Royer-Collard.

Ce mot nous servira de transition.

M. Guizot, l'homme éternellement grave,
le puritain par excellence, a eu des fai-
blesses de cœur comme un simple mortel.
Cette barre de fer politique s'amollissait
et devenait flexible devant le sourire
d'une femme.

Ceux qui écriront un jour son histoire
secrète pourront dire le nom de toutes les
Omphales aux pieds desquelles a filé cet
Hercule parlementaire.

Plus un homme est guindé au dehors,
plus les échasses qui le portent sont hautes,
plus il se familiarise et descend dans la vie
intime. C'est l'histoire des écoliers. Quand
ils sont attentifs et silencieux pendant la
classe, ils se montrent mauvais sujets à la

maison. Il faut que, d'une manière ou de l'autre, la corde se détende.

Jamais on ne voyait M. Guizot au spectacle. Il passait invariablement ses soirées dans les boudoirs.

— Les femmes me le perdront! disait Louis-Philippe, scandalisé d'une foule de petites anecdotes grivoises qui lui revenaient aux oreilles.

Mais le roi ne s'y connaissait pas.

On a prétendu souvent, et nous le croyons, qu'une des causes principales des succès oratoires du ministre était la présence de deux beaux yeux qui le regardaient des tribunes. C'était là son stimulant. Il avait en perspective la récompense et faisait merveille.

Depuis l'origine du monde, les femmes

aiment les dompteurs d'hommes. Or l'éloquence dompte comme le glaive : aussi leur prodigue-t-on le myrte et le laurier.

Tous les soirs M. Guizot avait sa couronne de myrte.

Notez ici que nous ne le blâmons pas. S'il faut qu'un homme ait une passion, mieux vaut encore celle-là qu'une autre. L'indifférence de notre héros à l'égard de ces millions, que beaucoup de ministres ont empochés sans scrupule, provenait sûrement de son ardeur pour les doux triomphes. On ne peut songer à tout ni s'occuper de tout. Quand on aime l'amour, on oublie l'argent. Nous le savons par expérience.

Il aurait néanmoins été convenable que M. Guizot, en rentrant dans la vie politi-

5

que, eût fermé le rideau de manière à ne pas laisser voir les divinités dont la bouche mignonne dictait les oracles.

La République de février, qui a fouillé partout comme une curieuse, a trouvé de singulières lettres et les a lues tout haut.

Si l'on avait à solliciter une place, à demander une faveur, pas n'était besoin d'invoquer ses droits ou son mérite ; il suffisait de faire dire un mot au ministre par madame la princesse de Liéven. Les plus hauts personnages passaient volontiers sous ces fourches caudines gracieuses, sachant qu'ils n'arriveraient jamais par une autre route à la bienveillance du ministre.

Trois semaines avant la Révolution, M. le duc de Noailles écrivait ceci :

« Ma chère princesse,

« Veuillez avoir la bonté de remettre ce petit mot à M. Guizot, que vous verrez probablement dans la journée. C'est pour lui dire le sujet de la conversation que je désire avoir avec lui, et le prier de ne pas prendre, avant de nous avoir entendus, mon beau-frère le duc de Mortemart et moi, de décision sur une chose à laquelle nous attachons un grand prix.

« Agréez tous mes hommages les plus empressés,

« LE DUC DE NOAILLES. »

Il s'agissait de la légation de Hanovre à donner à M. Palamède de Janson, neveu du signataire.

Madame de Liéven, toutefois, n'était pas
la seule à demander et à obtenir des grâ-
ces. D'autres sourires avaient du pouvoir,
d'autres yeux charmants essayaient leur
empire. On connaissait le côté vulnérable
du ministre, et ce fut par une femme
qu'un journaliste très-connu réussit à pui-
ser à pleines mains dans le coffre des fonds
secrets.

Écoutez! la lettre est piquante:

Dimanche, 19 novembre 1843.

« Monsieur,

« Le désir de vous servir l'emporte sur
la crainte d'être indiscrète en vous écrivant.

« *Ma reconnaissance commence*. Voilà

ce qui s'est passé entre M*.** [1] et moi. Il a
fort bien accueilli ma démarche, et, quoi-
que très-difficile, le succès de la négocia-
tion que vous m'aviez confiée a été com-
plet. Il serait toutefois opportun que votre
entrevue avec le publiciste fût pleine de
prévenance, enfin de *cette grâce* qui s'al-
lie si bien chez vous à la gravité de votre
esprit.

« Je ne me permettrais point, monsieur,
de vous donner ces renseignements, s'ils
ne m'avaient pas si bien réussi auprès de
la *conquête que nous allons partager.*

« Auquel des deux, du ministre ou du
journaliste, devrais-je demander le service
suivant?

---

[1] Le nom est en blanc. Que le lecteur fasse comme
nous et devine.

« Il s'agit de mon protégé, M. le baron Vidil, la goutte d'eau qui fait déborder le vase et le *prétexte de nos hostilités*. Je sollicite pour lui l'intérim de M. Foy à Athènes, ou toute autre position équivalente en Europe.

« La hardiesse de cette pétition et même de cette lettre vous prouve, monsieur, que je *veux beaucoup vous servir*, puisque je ne crains pas de tant vous devoir.

« ESTHER GUIMONT. »

Cette dame au style câlin et mystérieux est universellement connue dans le monde parisien sous le nom de la *Lionne*.

Elle passe à tort ou à raison pour l'Égérie de M. Émile de Girardin.

Souvent de jolies provinciales luttaient

victorieusement avec les Parisiennes et envoyaient des *votes* au ministre dans la plus affectueuse de toutes les correspondances.

Pour être longue, la troisième lettre que nous allons citer n'en aura que plus de charme.

Arras, 30 juillet 1846.

« Vous ne savez pas l'attrait infini qu'un de vos discours me fait éprouver. Le mot *attrait* n'est peut-être pas celui dont je devrais me servir, et cependant c'est celui qui rendrait la sensation que j'éprouvais ce matin en vous lisant. C'était pour moi une joie de la pensée, une joie de la raison, une joie du cœur, que de vous avoir trouvé en lisant mon journal.

« Je ne suis pas très-forte en politique,

et, si je n'avais pas eu pour vous une par-
faite admiration, une croyance extrême,
si enfin vous n'étiez pas *en toute chose*
mon étoile, je ne sais pas trop ce que j'au-
rais été. J'ai le sang un peu mélangé ; mes
grands parents l'avaient fort pur. Ils ne
comprenaient que l'amour de la dynastie
une et indivisible. Pour eux, elle était un
épi dont les grains bons et mauvais ne devaient pas être séparés. Mais, monsieur ; je
veux vous dire que j'ai trouvé, dans les dé-
finitions de la politique que vous suivez,
une grandeur de pensée encore plus par-
faite que celle que nous vous connaissions.
Votre beau talent, dans votre dernier discours, semble s'être servi d'un burin encore plus *pur* pour graver dans l'esprit des
hommes de notre époque l'amour de la

patrie *tel qu'il doit être.* Puissent les pauvres êtres qui ne savent pas penser par eux-mêmes y apprendre le *savoir de la conscience!*

« Je suis ici entourée de gens fort occupés ; on s'écoute, on se compte. La grande question d'être ou de ne pas être n'est pas toujours belle en province : *l'intrigue vous prend à la gorge.* Croiriez-vous que, ce matin, j'ai eu le désir de *saisir une voix* indifférente ? Un de mes vieux amis, voisin de la ville où je suis en cet instant, m'écrivait : « J'irai dimanche à Lille, si « vous y passez ; mais il n'est pas sûr que « ce soit pour y voter. Aucun des candidats « n'a le don de me plaire. » Je lui ai répondu qu'il y en avait peut-être un qui lui déplairait le moins ; que celui-là était

peut-être *celui qui me plairait le plus;*
que, le sachant très-indifférent à l'état de
choses actuel, peu lui importait de me
donner sa voix. J'ai fait la coquette dans
ma lettre. Ce n'est pas bien, n'est-ce pas?-
mais que voulez-vous?

« Maintenant que je suis *un peu reposée,*
je vais me jeter de nouveau sur les chemins
de fer. Je ne m'arrêterai qu'un jour à
Bruxelles pour serrer la main d'une vieille
amie de ma mère. *Je serai à Paris vers
le 15,* si Dieu et la vapeur me prêtent vie!

« Mille affectueux sentiments. Vous avoir
lu ce matin m'a *rendue gaie.*

« MARGUERITE. »

Adorable petite femme!

Quoi ! vraiment, les discours de M. Guizot vous émoustillaient à ce point?

Si notre petit livre vous tombe entre les
mains, madame, apprenez à ne plus être
aussi expansive. Les révolutions sont ba-
vardes, elles trahissent jusqu'aux secrets
du cœur. Nous avons lu votre autographe
dans les bureaux de la *Revue rétrospec-
tive*. M. Guizot, qui tenait à le conserver
sans doute, n'eut pas le temps de le serrer
dans sa valise, le jour où ces mêmes hommes, dans l'esprit desquels il gravait si
bien l'amour de la patrie, le chassèrent
avec la plus noire ingratitude. Un ministre
qui se sauve oublie ses papiers intimes;
on les trouve, on les publie; et que dira
votre époux, si vous en avez un? Il trou-
vera tout au moins bizarre que vous ayez

signé Marguerite tout court. C'est bien familier, madame ! Annoncer, en outre, que vous serez à Paris le 15 est une phrase compromettante après les phrases qui precèdent. Vous donnez clairement rendez-vous à ce cher M. Guizot, pour lequel vous avez des sentiments si tendres, et le canapé de la doctrine, personne ne l'ignore, ne se montrait jamais ingrat pour les jolies femmes qui l'aidaient à conquérir des votes.

Cette partie de l'histoire de M. Guizot nous semble bouffonne.

On affirme que, sa passion pour madame de Liéven [1] devenant trop publique, le roi lui dit :

[1] Sa seconde femme était morte. On affirme que M. Guizot, comme Louis-Philippe, était bon époux et

— Que ne l'épousez-vous?

— Ah! sire, répondit Guizot, vous n'y songez pas : on la soupçonne d'être en correspondance avec le czar.

bon père. Nous sommes loin d'effacer de leur histoire cet éloge, qui sent un peu l'épitaphe. Toutefois, pour ce qui concerne le ministre, nous élèverons quelques doutes. Il est difficile de croire aux qualités d'un homme qui pose éternellement pour mettre ces qualités en relief. Très-souvent, au retour de la Chambre et après les discussions les plus orageuses, M. Guizot rentrait chez lui et se mettait à jouer au *cheval fondu* avec ses enfants. Mais il avait toujours soin de se laisser voir. Jugez de l'effet de l'anecdote quand on la racontait le lendemain : Henri IV ne pouvait plus soutenir le parallèle. Lorsque sa seconde femme et ses fils moururent, il porta lui-même leurs cadavres sur une table de marbre, les purifia, les aromatisa et leur rendit tous ces devoirs pieux en présence des domestiques. Il ne parlait jamais à sa mère que la tête découverte et en donnant les marques du plus grand respect. Chacun peut apprécier ces faits à sa manière; mais nous éprouvons involontairement de la défiance pour l'homme qui pose jusque dans ses affections et dans sa douleur.

— Raison de plus, répliqua Louis-Philippe ; nous dicterons les lettres.

— Oui, mais elle ne veut perdre ni ses titres ni son rang, balbutia le ministre. Jamais elle ne consentira à s'appeler *madame Guizot*.

—; A la bonne heure ! dit le roi, donnez au moins le motif véritable : je comprends celui-là.

Peut-être ne devrions-nous pas égayer ainsi nos lecteurs aux dépens des personnages dits sérieux. Cela n'arriverait point si messieurs les ministres imitaient les éléphants et cachaient leurs amours.

M. Guizot s'est toujours cru fort bel homme.

Ses prétentions à cet égard vont jusqu'au ridicule. Il tient à voir partout son image, et, chez lui, l'envahissement du portrait n'a point de bornes.

La peinture à l'huile, le pastel, le burin, le crayon et la photographie ont rivalisé d'ardeur pour reproduire cette tête hautaine et fière, posée comme un point d'exclamation sur une charpente osseuse. Sa maison[1] ressemble à un immense musée qui répète constamment le même tableau et ne change que le cadre. Il y a trente portraits de M. Guizot dans la chambre à coucher, vingt dans le salon, quinze dans l'antichambre et dix à la cuisine. M. Guizot daigne quelquefois y descendre.

Nous ne comptons ni les médaillons ni les bustes.

On n'a jamais vu, depuis Narcisse,

[1] Rue de la Ville-l'Évêque, n° 8.

homme plus épris de son image. Il l'eût
volontiers contemplée du matin au soir dans
le cristal d'une fontaine.

Ceci est un trait de plus, qui sert à ca-
ractériser ce profond égoïsme, que M. Guizot a pris au fond de son âme pour l'ino-
culer à son siècle. Il prononce *moâ* comme
M. Prudhomme, avec la même intonation
prétentieuse et la bouche largement ou-
verte, afin de donner plus d'ampleur à
l'accent circonflexe.

Son regard orgueilleux semble dire :
« Je suis tout, vous n'êtes rien ! »

Du mépris qu'il a pour les autres il fait
un trône à sa propre estime.

On l'a vu sacrifier sans cesse les intérêts les plus chers du pays à cette person-
nalité monstrueuse. Il alla jusqu'à ériger

sa constante présence au ministère en système, et trouva de chauds prosélytes pour défendre avec lui cette nouvelle doctrine.

Nous avons découvert à la Bibliothèque impériale une épopée burlesque, la *Guizotide*, écrite à la manière de Scarron, et où se lit ce passage :

> Ce fut lors que ses camarades,
> De Thiers méprisant les ruades,
> Reçurent le nom si flatteur,
> Le beau nom de *Conservateurs*,
> Non pas qu'ils conservent la France
> Dans une noble indépendance ;
> Non : ce titre dit avant tout
> De conserver Guizot debout.

Mannequin volontaire d'un roi qui n'acceptait pas franchement son rôle constitutionnel, et qui finassait avec la nation, M. Guizot s'attachait aux bras des fils de marionnettes, dont il plaçait respectueuse-

-ment l'extrémité dans la main du maître.

Ces deux hommes n'avaient qu'une même volonté, qu'une même action, et, disons-le, qu'une même rouerie.

Lors de l'ambassade de Londres, M. Guizot recevait des notes secrètes du roi. Il n'obéissait pas à M. Thiers. On a voulu nier ce fait, qui, dans un autre diction-naire que celui des diplomates, s'appelle-rait une trahison.

Nous n'avons qu'un mot à répondre :

En laissant isoler la France dans la ques-tion d'Orient, l'ambassadeur a été inhabile ou il a été fourbe. Sortez de ce dilemme!

La complaisance du ministre pour le roi ne se bornait pas à la politique seule, elle descendait aux niaiseries les plus sot-tes et aux détails les plus extravagants.

Un exemple :

Ce que Louis-Philippe aimait le mieux en théâtre était la farce du *Malade imaginaire*. M. Guizot prenait soin d'inscrire cette pièce au programme toutes les fois que la Comédie-Française jouait à la cour. Jamais la scène des lavements ne manquait son effet sur le roi : il riait aux éclats, et le ministre faisait chorus.

Un soir, par les ordres de M. Guizot, un des comparses, armé de l'instrument connu, lança un jet liquide au nez d'Argan.

— Ah ! bravo ! bravo ! s'écria Louis-Philippe, heureux de cette charmante fioriture ajoutée à l'œuvre de Molière.

Et M. Guizot de se tenir les côtés comme le roi.

Quand le commissaire royal auprès du

théâtre de la rue Richelieu allait prendre ses instructions pour de nouvelles représentations, soit aux Tuileries, soit à Versailles, le ministre disait :

— Donnez le *Malade*, toujours le *Malade*... Et surtout beaucoup de seringues !

Il était impossible d'apporter dans la flatterie plus de goût, plus de tact et plus de délicatesse.

En se mettant corps et âme à la merci d'un homme qui lui rendait en pouvoir ce qu'il recevait en soumission, M. Guizot a pu satisfaire, dix-huit années durant, ses orgueilleux instincts ; mais il a fini par se précipiter dans un gouffre, en y entraînant Louis-Philippe, sans que la France daignât leur tendre la main pour les sauver.

Le ministre ne voyait pas que cette na-

tion, qu'il essayait de conduire avec sa fé-
rule de pédagogue, n'avait qu'un mouve-
ment à faire pour l'écraser.

Surpris par le tremblement de terre de
1848, il fut saisi d'épouvante, et se sauva
sous le déguisement qui pouvait le mieux
protéger sa fuite [1].

---

[1] Dans son trouble, il arriva une heure trop tôt à
l'embarcadère du Nord. Il était en blouse et en cas-
quette. Pour ne pas être reconnu, il se mit à lire toutes
les affiches placardées sur les murs voisins. Il écrivit
ces détails à sa mère, et lui peignit ses angoisses dans
une longue lettre que celle-ci montra chez madame de
Récamier. La princesse de Liéven se trouvait dans le
salon de cette dernière. Quand on vint dire que Louis-
Philippe se sauvait au travers de la Normandie avec
un costume de paysan et coiffé d'un bonnet de coton :
— « Et Guizot? demanda-t-elle sans quitter des yeux
un journal qu'elle tenait à la main. — Il s'est déguisé
en ouvrier, madame. — Bon! je le reconnais là! fit la
princesse. N'ayez aucune crainte, il se tirera d'affaire. » Puis elle continua de lire avec le plus grand
calme.

L'heure de l'infortune et du châtiment sonnait pour lui.

Avant de partir, il ne put même pas embrasser sa mère, la seule affection véritable qu'il eût au monde. Lorsque celle-ci voulut le rejoindre à Londres, elle comptait sans la mort, qui l'arrêta en chemin.

Il faut être aveugle pour ne pas voir ici le doigt de Dieu.

Du trône où il est monté en trois jours par les pavés et les barricades, Louis-Philippe descend en trois jours par les barricades et les pavés.

Guizot, qui eût donné tout son sang pour fermer les yeux de sa mère, ne put même pas venir prier sur sa tombe.

On dit que Louis-Philippe et son ministre vivaient dans l'exil éloignés l'un de l'autre. Le remords ne rapproche pas deux complices.

M. Guizot, depuis cinq ans, se résigne difficilement à l'oubli. Sa plume lui reste, et il cherche à réveiller quelques intrigues, à aiguillonner quelques passions; mais l'indifférence publique fait justice de ces tentatives.

L'écrivain, du reste, n'a plus de souffle, le diplomate est éreinté.

Son *Histoire de la Démocratie en France* et son fameux article de la Revue contemporaine, *Cromwell sera-t-il roi?* ressemblent aux sermons de l'archevêque de Grenade, après l'apoplexie. Entouré des vieux haillons de son ancienne défroque légitimiste, il eût voulu faire croire que le cabinet de rédaction de l'*Assemblée nationale* était un berceau, quand il n'était qu'un sépulcre.

Nous dirons avec Laurent Pichat :

Faites place ! Rentrez dans la nuit, vieilles ombres.
Tous ces gens-là sont morts, il faut les enterrer.

Cet excellent docteur Véron, dans ses *Mémoires d'un Bourgeois de Paris*, consacre dix ou douze pages d'un style fort lourd à une sorte de réhabilitation de M. Guizot.

Ah ! que vous êtes bien venu, docteur, à plaider une pareille cause !

Quoi ! l'auteur des *Martyrs* et d'*Atala* vous a dit que M. Guizot n'avait jamais travaillé au *Moniteur de Gand?* Il est fâcheux que celui dont vous invoquez le témoignage dorme sous le rocher de Saint-Malo. La tombe est muette, elle ne dément jamais personne.

Quoi! ce n'est pas M. Guizot, mais bien un frère à lui, qui a signé le fameux acte additionnel aux constitutions de l'Empire?

Voilà, docteur, une vérité boiteuse qui a mis du temps à faire sa route.

Ces vérités-là, que l'on voit tout à coup surgir, après trente-huit ans, quand elles devaient apparaître tout d'abord et rayonner au grand jour, ressemblent furieusement aux fantômes d'un rêve. Est-ce que vous écrivez tout endormi, docteur?

Laissez marcher l'histoire, et ne lui donnez pas de croc-en-jambe.

Votre honnête bourgeoisie s'abuse ; il n'y a nulle part, fût-ce dans une boutique d'a-pothicaire, une drogue assez puissante et assez corrosive pour effacer la tâche d'encre.

Guizot reste l'homme de Gand, malgré vous et malgré tous ceux qui voudraient le défendre.

Il a été le grand prêtre de l'égoïsme, ce dieu ventru de nos jours.

Sans conscience ministérielle comme Talleyrand, il avait de moins la franchise et la gaieté. Calvin de la diplomatie, on l'a vu nier souvent, en politique, le dogme de la bonne foi et la présence réelle de l'honneur.

Non, ce n'est point là un fils de la France !

Il a livré le pays aux insultes des na-tions rivales. Valet obséquieux d'une dy-

nastie qui sentait le trône chanceler sous
elle, rien ne lui coûta pour affermir ce
trône. La paix à tout prix n'eut pas de plus
intrépide défenseur. Dédains, humiliations,
outrages, il avait un mandat pour tout ac-
cepter. Quand l'étranger versait l'affront, le
ministre de Louis-Philippe tenait la coupe
et nous forçait à boire.

Assez donc, assez, docteur!

Nous préférons à votre jugement celui
de Cormenin. Lisez ce qu'il écrivait de
M. Guizot en 1838[1], de M. Guizot l'homme
implacable dans son ambition, dans ses
doctrines et dans ses rancunes.

« Il passe, dit-il, pour être cruel. Ses
yeux flamboyants, sa figure blême, ses lèvres contractées, lui donnent l'apparence

[1] *Livre des Orateurs*, page 518.

d'un proscripteur. Là profonde estime et
le contentement inaltérable qu'il a de lui-
même remplissent trop son âme pour y
laisser quelque place à d'autres sentiments.
Il s'enfoncerait la tête la première dans
l'Océan, qu'il ne conviendrait pas qu'il se
noie; et il croit à sa propre infaillibilité
avec une foi violente et désespérée.

« Il ressemble à ces anges d'orgueil qui
bravaient la colère du Dieu vivant, et qui,
les ailes renversées, étaient précipités dans
les profondeurs de l'abîme. »

FIN.

Je ne puis à mon grand
regret, faire passer Mr. Bernier par l'Espagne...
en l'envoyant à son poste Constantinople, par de
petits; mais forts, raisons, que je vous dirai
quand j'aurai le plaisir de vous voir, et que
vous me remercirez bonnes j'espère.

Tout à vous
Guizot

Dim.º 24 Oct. 1847.

www.ingramcontent.com/pod-product-compliance
Lightning Source LLC
Chambersburg PA
CBHW070859280326
41934CB00008B/1512